할머니의
한 페이지

할머니의 한 페이지

글　차미자
그림　조은채

여는글

2013년 딸 둘이 다 결혼을 했다.
둘째가 먼저 결혼식을 올리고 난 다음 큰 애가 11월에 결혼을 했다.
큰 애 소생인 지후가 3월에, 둘째의 딸인 은채가 7월에 세상에 나왔다.
2015년 3월 19일 오전 8시 18분경 지후는 우리에게 왔다. 지금도 눈을 감은 채 빙그레 웃던 지후를 떠올리면 가슴이 벅차다.
딸만 둘을 키워서인지, 첫 손자인 지후는 새롭고 신기하기만 했다.
태어난 지 100일 동안의 그 저릿하고 달달하고 벅찬 느낌을 나는 매일매일 짧막한 글로 적어 남겼다.

4개월 후 7월 24일에 은채(태명, 튼튼이)가 태어났다.
첫 손자 지후한테 신경을 쓰느라 은채한테는 많이 챙겨주지 못한 것 같아 미안하기만 하다.
이 일기를 묶어 내면서 은채가 혹여 서운함을 느끼지나 않을까 조금은 염려스럽기도 하다.

은채는 그림 그리기를 좋아한다. 내가 느끼기에 유달리 상상력과 표현력이 풍부하고, 색칠할 때도 아주 꼼꼼하다.
   어릴 때부터 그린 그림들을 모아둔 스케치북이 생각나 한 쪽면에 그림들을 넣어주면 은채가 좋아하겠지 싶어 같이 싣는다. 그렇게라도 은채한테 못해준 마음의 빚을 덜어주고 싶다.

   이 조그만 책자가 우리 지후, 은채가 살아가면서 외롭거나 힘들 때 위로가 되었으면 좋겠다.

   우리 아이들이 어려움에 처했을 때, 무던히도 아끼고 사랑했던 이 할머니를 떠올리며 극복할 힘을 얻어 앞으로 씩씩하게 나아가면 좋겠다.

2024년 무더운 여름에
지후와 은채 할머니 차미자

할 머 니 의   한 페 이 지

04월

할머니

여섯 살 때

04월 06일

월요일

지후가 조리원에서
2주 있다가
익산 외갓집에 왔다.
3시간 동안
운전하고 온 지후 아빠 피곤하겠다.

잠자고 있는 지후
참, 예쁘다.
천사가 따로 없다.

어떻게, 무엇으로, 어떤 말로
이 천사를 표현할 수 있을까.
마음이 벅차다.

사랑하는 은채네 가족

04월
07일

목요일

지후는
어젯밤에 세 번을 깼다.
아침에 일어나니 정신이 몽롱하다.
외할머니 집이 낯설었나 보다.

이틀의 월차를 낸 지후 아빠가
오늘 서울엘 간단다.
지후 엄마가 울어서 늦게 출발한다고 했다.

지후와 지후 엄마
둘만 있을 걸 생각하니 마음이 편하지 않았다.

일찍 조퇴하고
이번 주는 연가를 내야겠다.

할머니의 한 페이지

이상한 꽃
여덟 살 때

04월
08일

수요일

사랑하는
우리 지후가 조금은 적응이 되었나 보다.
어젯밤엔 두 번을 깼다.

"사랑합니다 나의 지후
 사랑합니다 나의 지후
  사랑합니다 나의 지후"

 사랑합니다.
노래를 불러주니
편안해졌나 보다.
잠들었다.
잠든 모습도 어쩜 이렇게도 예쁠까.

"저희에게 지후를 보내주셔서 감사합니다.
이보다 좋은 선물이 있을까요.
힘들어도 짜증내지 않고 기쁜 마음으로 예쁘게 잘 키우겠습니다."

할머니의 한 페이지

04월
09일
목요일

우리 지후는
참, 영특하다.
엄마가 태교를 잘해서인지
말을 하면 잘 알아 듣는 듯싶다.

지후야!
엄마가 맘마를 준비한단다.
보채지 말고 기다리자.
하나, 둘, 셋, 넷, 다섯
참을성도 강한 우리 지후
잘 참아줘서 고마워!
고맙다는 말은 함께 사는 사람들에게 꼭 필요한 말이야.

부탁해.
미안해.
고마워.
이 세 마디를 자주 쓰려무나.

할머니의 한 페이지

당근을 찾아보세요

아홉 살 때

04월
10일
금요일

사랑하는 지후야!
아빠가 퇴근하고 열차 타고 온단다.

우리 지후는 이런 사람이 되어라.
생각도 크게
마음도 크게
건강하고 따뜻한 사람.

"주님! 오늘도 우리 지후 잘 먹고, 잘 자고, 잘 싸고,
건강한 아이로 자라게 해 주세요."

– 아멘 –

할머니의 한 페이지

개구리 왕눈이
열 살 때

04월 **11**일

토요일

출근해서
몇 시간 되지도 않았는데
우리 후야 얼굴이 자꾸만 눈에 어른거린다.

엄마 아빠하고 잘 있겠지.
사랑해, 지후
할머니가 우리 후야 잘 자라도록
지지하고, 응원하고, 기도 많이 할게.

할머니는 엉원한 지후 편.

할머니의 한 페이지

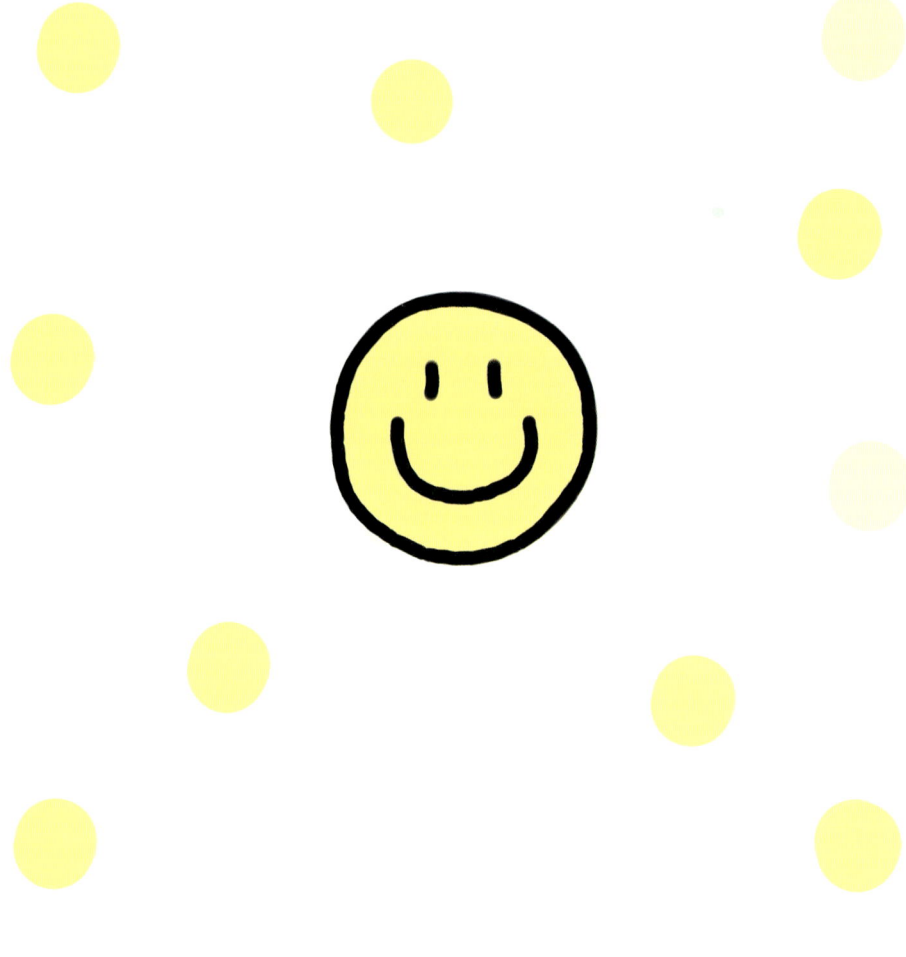

자화상

일곱 살 때

04월 12일

일요일

사랑하는 우리 지후
볼수록 이쁘다.

"주님, 오늘도 우리 지후 엄마가 행복한 마음으로 지후를 대했으면 좋겠습니다. 그래야 우리 지후도, 지후엄마도 행복할 거니까요."

할머니의 한페이지

04월
13일

월요일

지후 예방접종 (BCG) 하는 날
많이 아플 텐데 …
지후한테 말해줘야지
아파도 조금만 참자.

보건소에 와보니
몇몇 아이들 중에 지후가 제일 건강하고
제일 크고 잘 생겼다.
뾰족한 주사를 보고도 안 울었다.
미리 말을 해줘서 그랬나.
지후가
참 대견스럽다.

04월 14일
화요일

사랑하는 지후야
산후 도우미 이모님이 오시기로 했단다.

생각한 것보다 수고비가 비싸네.
그만큼 뭔가 다르겠지.

나는 큰딸에게
아이 낳으면 우리집에서 백일까지 있어 달라고 말했었다.
잘해주고 싶다.
엄마로서 할머니로서
후회하지 않게.

도우미 이모님은
발 마사지 해주고
목욕도 시켜주시고
아기 옷을 삶고 청소 등
잘해주시는 것 같다.
딸도 맘에 들어 하는 것 같아
안심이다.

우리가족
아홉 살 때

사랑하는 지후야.
혜송 이모가 많이 보고 싶대.
매일 매일 전화하며 지후 보고 싶다고 한다.

지후야.
살면서 무척 하고 싶은 일이 있어도
그것을 억제하고 절제할 수 있는 힘을 길러야 해.
힘들겠지만, 꾸준히 노력하면 가능하게 될 거야.

자기 자신을 이겨낼 수 있는 사람만이
큰일을 할 수도 있고
다른 사람에게 신뢰와 존경을 받을 수 있단다.

사랑하는 지후야,
할머니는 지후 할머니로서 날마다
이런 글을 쓸 수 있다는 것이
한없이 흐뭇하고
행복하고 즐겁단다.

몬드리안 따라잡기

아홉 살 때

 오늘은
지후 수면 교육을 시켜 볼 예정이다.

지후야!
엄마가 행복해야
우리 지후가 행복하지.

산후조리원 선생님들이
우리 지후 참 편안한 아이라고 예뻐하시더라.
지후는 심성이 무던해서
많은 사람들에게 사랑 받는 지후가 될 거야.

사람이 돌이 된 날
아홉 살 때

04월
17일
금요일

내가 만일 하늘이라면
지후 얼굴에 물들고 싶어.
붉게 물든 저녁 저 노을처럼 지후 뺨에 물들고 싶어.

내가 만일 시인이라면
지후 위해 노래하겠어.
엄마 품에 안긴 어린아이처럼 나, 행복하게 노래하고 싶어.

세상에 그 무엇이라도 지후 위해 되고 싶어.
오늘처럼 우리 함께 있음이 내겐 얼마나 큰 기쁨인지
사랑하는 나의 지후야, 너는 아니 이런 할머니 마음을.

내가 만일 구름이라면
지후 위해 비가 되겠어.
더운 여름날에 소나기처럼
나, 시원하게 내리고 싶이.

세상에 그 무엇이라도 지후 위해 되고 싶어.
오늘처럼 우리 함께 있음이 내게 얼마나 큰 기쁨인지

사랑하는 나의 지후야.
너는 아니 이런 할머니의
마음을.

— 안치환의 "내가만일 하늘이라면"에서

할머니의 한 페이지

포켓몬아! 기다려!
아홉 살 때

04월 18일 토요일

사랑하는 지후야.
오늘 지후 아빠 오는 날.
컨디션이 좋아 보이는 지후.
아빠 오는 걸 아는지.
엄마와 교감을 잘할 수 있도록 할머니는
뒤에서 보조 역할만 해줘야지.

지후는 엄마를 사랑하지?
지후 엄마는 너를 더 많이 사랑한단다.
엄마 말 잘 들어야 해.
우리 모두
엄마를 기분 좋게 해주자.
우울하지 않게, 힘들어도 이겨내도록 ….

지후의 맑은 웃음 하나로 엄마는 벌써
우울한 마음도 힘듦도 저만치 날려 보냈을 거야.
널 보고 웃는 네 엄마 모습도
내겐 천사로 보이는구나.

안녕, 펭수
열 살 때

04월
19일
일요일

엊그제 금요일 밤에
수면교육을 했다.
20~25분 정도 울어도 안아주지 않고
본체만체했다.

포기했는지
기저귀 갈아주니 잠들었다.

교육 효과가 있었다.

무도사

아홉 살 때

04월
20일

월요일

지후 옷을 샀다.
옷값이 좀 비싸기는 했지만 참 예쁘다.
모자 씌워 사진 찍어 놓으니
백일 된 아이 같이 의젓하다.

B형 간염 2차 접종하러 소아과에 갔다.
의사 선생님 말씀이
참 건강하고 튼튼하다고 하시며
이렇게 실한 애기 처음 봤다고 하신다.

비가 오는데도,
지후 엄마 친구인 은자와 혜미가
방울토마토며 참외, 지저귀, 딸랑이 등등
많은 선물을 사가지고 지후를 보러 왔다.

기쁨도 슬픔도 함께 나누는
이쁜 친구로 오래 남았으면 좋겠다.

달달한 사탕

일곱 살 때

04월 21일

화요일

지후가 5월 9일 서울 집에 간단다.

눈물이 난다.

벌써부터 이러니

지후 가면

할머니는 어찌하누, 지후야….

할머니의 한 페이지

04월
22일
수요일

사랑하는 지후는
할아버지 할머니의 행복 덩어리, 그 자체.

참을성이 강한 사람이 집중력도 높단다.
남다른 집중력은 비범한 능력이며 탁월한 끈기란다.
공부를 한다거나, 놀이를 한다거나, 책을 읽는다거나
운동을 한다거나, 할 때 그것을 성공적으로
이루어내는 것은 집중력이야.
공부하면서 게임을 생각하고
게임하면서 다른 생각을 하면
제대로 되는 일이란 아무 것도 없단다.
집중력을 가지고 모든 일에 임한다면
어떤 일이든 성취감을 맛볼 것이고
너는 네 뜻대로
크게 발전시켜 나갈 거야.

할머니의 한 페이지

우리집 아닌 우리집
열 살 때

04월
23일

목요일

영특하고 총명한 지후
벌써 말귀를 다 알아 듣는다.
매일매일 감탄과 기쁨으로 날이 가는 줄 모르겠다.

지후야
가끔은 떼도 쓰고, 울어도 돼.
그게 니의 언어가 되고,
마음의 표현이 될 테니까.
엄마도 할머니도 너의 그런 표현을
얼른 알아듣도록 너를 잘 관찰하고 지켜볼게.

할머니의 한 페이지

어지러운 과학

열 살 때

04월 24일
금요일

우리 지후는 크게 될 사람.
마음도 생각도 크게 가지렴.
무슨 일이든지 크게 놀라지 말고
겁내지 말며
화내지 말아라.
화를 내면 자기 몸이 상한단다.

아무리 속상하고 괴롭고 슬픈 일도
지나고 나서 돌이켜보면 별로 대단한 일도 아니더라.
한발 물러서서 생각해 보면
그것은 나뭇잎에 스치는 바람에 불과한 것일 뿐,
나뭇잎은 눈, 비, 바람을 맞으며 튼실해진단다.

할머니의 한 페이지

봄은 푸르다

여덟 살 때

04월
25일

토요일

사랑하는 지후야.
책은 마음의 보물이며, 재산이야.
많이 읽고 많이 사색해라.
아무리 바빠도 손에서 책을 놓지 않기를 ….
책은 어떤 놀이나 공부보다 감동과 행복을 느끼게 해준단다.

할머니는 인생을 경험보다도
책에서 훨씬 더 많이 배웠단다.
그래서 할머니는 젊어서부터 서재를 꼭 만들고 싶었지.
지금의 할아버지 서재도
할머니가 만들고 싶었던 꿈의 책방이란다.

운동을 해야 몸이 튼튼해지는 것과 같이
책을 읽어야 좋은 사람이 된다는 것을 평생
잊지 않았으면 좋겠어!
밥을 한 끼라도 먹지 않으면 배가 고프듯
하루라도 책을 읽지 않으면 영혼의 배고픔을 느껴야 한다.

할머니의 한 페이지

47

사랑하는 지후야,
아무리 무지하고 경박하고 가난한 사람들일지라도
무시하거나 함부로 대해서는 안 된단다.
고장난 시계도 하루에 두 번은 제 소임을 다한다고 하는데
사람이야 더 말해 무엇하겠느냐.
이 세상 사람들은 다 너의 스승이야.
나보다 못한 사람에게서는
"나는 절대 저렇게 하지 않겠다."고 마음 먹게 되니
그 역시 스승이지.

한번 인연이 된 사람은 함부로 내치지 말고
꾸준한 인내심과 큰 아량을 가지고 대해 주거라.
나와 다른 것이지,
틀린 것이 아니란다.
그것이 쌓여 좋은 인품이 되는 것이니 ….

04월
26일

일요일

할머니의 한 페이지

토끼의 환상

아홉 살 때

49

롱다리 가족

여덟 살 때

04월
27일

월요일

사랑하는 지후야,
오늘은 도서관 휴관일이야.
할머니가 출근을 안 하니 지후랑 같이 있을 수 있어서
매우 행복하구나.
우유 먹고 할아버지랑 두 시간만 자 줄래?
아님, 한 시간 반만이라도….

밖에 나가서 엄마랑 할머니가 맛있는 거 먹으며
네 엄마 힘들고 지친 마음을 달래주고 싶은데….
그럴 수 있지?

우리 지후, 말도 잘 듣는다.

엄마 말도 잘 듣지만

할머니 말도 잘 듣는다.

하지만 할머니가

적당히 요구해야겠다.

지후한테만 양보하라고 해서는 안 되겠지?

04월 28일

화요일

말썽쟁이 푸~

여덟 살 때

할머니의 한 페이지

초코 아닌 개
여덟 살 때

04월 29일 수요일

사랑하는 우리 지후.

오늘은 할머니가 아침부터 마음이 편치 않네.
지후랑 엄마랑 할머니 집에
오라고 해놓고 제대로 챙겨주지도, 신경 써주지도 못한 것 같아
미안해.

가고 난 뒤에
후회하지 않으려면
잘해줘야지, 이렇게 내 곁에 있을 때.

할머니의 한 페이지

오리짱
아홉 살 때

04월
30일

목요일

사랑하는
우리 착한 지후.
위대한 꿈을 꾸는 어린이가 되었으면 해.
지후가 나중에 커서
무엇을 해야 할지.
예수님께 물어볼까?

"주님! 우리 지후에게 예수님의 마음과 꿈을 주시면 좋겠어요.
사무엘처럼, 다니엘처럼 기도하고 하느님의 대답을 기다리는 사람,
모세처럼 다윗처럼, 하느님을 사랑하고 사람들을 사랑하는 사람,
그런 사람이 우리 지후였으면 좋겠어요."

할머니의 한 페이지

할 머 니 의   한 페 이 지

05월

크리스마스
여덟 살 때

05월 01일

금요일

우리 지후,
유아 세례 받는 날.

지후야!
예수님을 믿는 사람은 혼자가 아니란다.
신앙은 하느님께서 우리에게 주신 귀한 선물이란다.
성당에서 세례를 통해 오늘
지후는 요셉으로 새로 태어났어.
요셉 성인은 성실하고 의롭고 정의로운 분으로서
신앙인의 모범이자 교회를 보호하는 수호자이기도 해.
지후도 요셉 성인의 삶과 신앙을 이어 받았으면 좋겠어.

요셉 성인의 축일은
우리 지후의 생일과 똑같은 3월 19일
놀랍지! 정말 대단한 우연!
아니, 마냥 대단한 날!

할머니의 한 페이지

애들아~ 안녕~
아홉 살 때

우리 지후는 예의바른 사람이 되었으면 좋겠다.
예의란 네 품격을 위해서 지키는 것이지
상대방을 위한 게
아니야.
예의는 그 사람의 뿌리야.
사회에서 요구하는 사람은 특별한 재주가 있는 사람이 아니라
예의범절을 잘 지키는 평범한 사람이야.
예의범절이 곧 공중질서이기 때문에.

할머니가 일하는
도서관에 오는 사람들 중에 막무가내인 사람들을 종종 본다.
아무리 박학다식하고 재산이 많아도
예의범절을 모르는 사람은 빈 껍데기에 지나지 않는단다.
예의범절은 우리 지후를 꽃길로 인도할 거야.

용감한 친구

아홉 살 때

05월 03일

일요일

사랑하는 지후야.
개도 옷을 단정하게 입고 몸매무새가 깨끗한 사람을 보면
짖지 않는다고 한다.
동물도 옷을 단정하게 입은 폼새를 알아 본다고 하는데
하물며 사람이야 더 말해 무엇하겠니.

옷차림은 그 사람의 인품, 교양, 지식수준까지 나타낸단다.
옷을 입는 것도 습관이고 교양이지.
이왕이면 단정하고 멋스럽게 입고
값의 고하 간에 색깔을 잘 조화시켜 입었으면 한다.

오늘
옷가게에 들러
지후 엄마가 좋아하는 유럽풍의 티셔츠와
바지, 바디슈트 몇 벌을 샀다.

할머니의 한 페이지

엄마
여덟 살 때

05월
04일

월요일

사랑하는 지후.
할머니는 오늘도 지후가 행복한 사람으로
성장하길 기도한다.

어렵고 힘든 일이 있어도
용기 내어 당당히 이겨낼 수 있는 사람이면 좋겠다.

할머니의 한 페이지

크루아상

여덟 살 때

05월 05일 화요일

어린이 날이다.
내년에는 지후 데리고 동물원에 갈 수 있을까?
김밥 싸고 다과를 준비해서….

야구복을 입혀 사진을 찍었더니
다 큰 총각 같다.

저녁에 성당의 마르타, 로사, 엘리사벳형님 등 다섯 분이
지후 보러 오셨다.
잘 성장시켜 주시라는 기도를 해주셨다.
떡이라도 돌리려 했는데
갑자기 오시는 바람에 아쉬운 대로
큰 접시 1개씩 선물했다.

사람이 온다는 건 선물이다.
지후에게 오는 사람들이 많았으면 좋겠다.
그들이 서로에게 선물 같은 축복으로 곁에 있어주면 좋겠다.
지후에게
그들에게
모두에게….

할머니의 한 페이지

구드래곤

아홉 살 때

05월
06일

수요일

사랑하는 지후야.
책을 소리 내어 읽으면 내용은 물론
말을 조리있게 잘하는 능력도 갖추게 된단다.
또한 말을 잘한다는 것은 머릿속에
그만큼 아는 게 들어찼다는 뜻이기도 해.

책을 소리 내어 읽다보면 발음도 분명해지고
품위있는 말을 조리있게 할 수 있는 능력이 길러진단다.
화젯거리가 풍부하면 교우관계나
대인관계가 그만큼 원만하게 될 것이야.

지후야!
웃을때도 크게 소리내어 웃으렴.

할머니의 한 페이지

05월
07일

목요일

우리 지후 50일 되는 날.

"참 좋으신 아버지 하느님 감사합니다.
항상 부족한 저를 사랑으로 이끌어 주시고
보호해 주시니 감사합니다.
우리 베드로, 데레사, 사비나, 라우렌시아, 스테파노
요한(성찬), 지후 요셉과 튼튼이(둘째딸 아기 태명)가
주님 사랑에 행복함을 느끼며 건강하게 살고 있습니다.
주님께서 주신 지후요셉이 오늘로 태어난 지 50일 되었습니다.
이쁘고 사랑스러운 지후,
주님 사랑으로 잘 키울 수 있게 도와주세요.
부족함을 은총으로 채워 주시어
힘들고 어려운 일이 있더라도
기도하며 감사하는 마음 잊지 않게 하소서.

– 아멘 –

할머니의 한 페이지

카네이션의 뒷태
아홉 살 때

지후가 내일 서울 집으로 간다.
할머니는 지후에게 무엇이든 많이 해주고 싶은데
어떤 걸 어떻게 해야 할지 몰라
할머니의 마음을 담아 이 노트에 적었단다.

할머니가 살면서 생각났던 말이나 느꼈던 생각과
감명 받았던 글과
지혜를 얻었던 말들을 들려주려고 적었지.

이 세상을 살아가면서 이 글들이
지후의 앞길을 밝혀주는 이정표가 되고
등불이 되었으면 좋겠다.

05월
09일

토요일

사랑하는 지후가

서울 집으로 가는 날.

지후 아빠는 지후 살림살이가 많아 승용차로 먼저 출발했다.

KTX를 타고 가는 1시간 남짓 걸리는 거리일지라도

지후와 함께라서

오늘도 나는 행복한 할머니다.

할머니의 한 페이지

낙서

05월 10일
일요일

지후는

어젯밤 12시 30분에 잠든 후

5시 30분에 깼다.

할머니 새벽 미사에 가라고 깼나 보다.

6시 미사다.

미사 갔다 와서 잠시

눈을 붙였는데 신부님이 꿈에 보였다.

아이들이 신앙생활을 잘 할 수 있도록

이끌어 주실 구역장님 연락처도 알아 왔다.

나

열 살 때

05월 11일

월요일

지후엄마는
반상회 하러 위층에 가고 없는 사이에
아빠하고 놀면서 찍은 사진을 보내왔다.
사진을 보니 많이 컸다.

오후 6시경,
지후 엄마가 전화를 했다.
지후가 1시간 후에 맘마를 먹어야 하는데 보챈단다.
응가하고 잠들어서인지 배가 허전한가 보다.
할머니 목소리에 잠잠해졌다.
우리 후야, 노래 좋아하지?
할머니가 노래 불러줄게!

사랑해 ~ . 지후를
정말로 사랑해~.

엄마! 같이 가~
여홉 살 때

05월 12일 화요일

예쁜 지후야!
오늘 성경 말씀에 일곱 번씩 일흔 번이라도
용서하고 또 용서하라 하신다.
그 쉽지 않은 행위가 모아져 결국은
인품이 되는 것 같구나.
무엇에 비할 데 없이 귀하고 소중한 지후야.

우리 후야,
행복한 일생이기를 기도한다.
할머니의 진정한 생명의 꽃인 지후야.
사랑을 할 수 있는 사람은
다른 말로 하자면
사랑 받을 수 있는 사람이야.

사랑은 받는 사람보다, 하는 사람이 더 행복하단다.
사랑 많이 받고, 더 많이 사랑하렴.

여기도 점, 저기도 점
여덟 살 때

05월
13일

수요일

사랑하는 지후야!

우리 지후는
꾸준히 책 읽는 습관을 가졌으면 더 바랄 게 없겠다.
성공한 사람들의 일화를 보면
평생 동안 책을 가장 친한 벗으로 생각했다고 한다.

틈틈이 좋은 책들을 읽으면 좋겠어.
책은 인격과 성품을 만드는 원동력이 될 거야.
할머니가 우리 지후에게 부탁할게.

기쁨과 위로를 주는 책이 위대한 인물이 되는 길을
열어주는 것 같아.
마음에 새겨 일생 동안 책을 가까이 두고
즐겁게 읽기 바랄게.

할머니의 한 페이지

HAPPY EVERY DAY

엄빠한테

결혼기념일 축하행♡
앞으로도 오래오래
즐겁게 놀고, 먹고, 써……
…자! 그리고 언제나 사랑해
♡♡♡…

은재가

05월
14일

목요일

어제도

내일도

지금도

사랑하는 지후,

사람을 가장 행복하게 하는 것은
웃음과 아름다운 용서라 생각해.

사람의 모습 중에 가장 아름답고
정다운 표정은 미소 짖는 모습이 아닐까.

네 엄마가 그러더구나.
지후가 소리 내어 웃는 모습을 보면
해바라기 같다고….

힘들 때일수록 더 웃어라, 후야.
힘들 때 웃는 웃음이 진정한 웃음이야.

할머니의 한 페이지

05월
15일

금요일

지후야.

오늘은 스승의 날이야.

마음이 밝은 사람에게는 모든 이가 스승이란다.

어린아이부터 어른까지 나를 스치는 많은 사람들이 말이다.

스승이 많은 사람은 복이 많다고 생각한다.

배울 것이 많으니까.

지후를 위해, 아니 우리 가족들을 위해

기도해 주시는 신부님, 수녀님, 아가다 할머니, 마르타 할머니,

로사 할머니, 모니카 할머니 등등 …

감사하다고 전화라도 해야겠다.

그리고,

지후는 중학생, 고등학생이 되거든

"백범일지"를 읽어 봤으면 좋겠어.

백범 김구 선생님은 민족의 스승이고

위대한 지도자이시거든.

앞길을 밝혀주는 귀한 책이 될 거야.

할머니도 다시 한 번 펼쳐보니 마음이 숙연해진다.

할머니의 한 페이지

89

05월 16일

토요일

지후는 딸꾹질하다 잠들었다고 한다.

내 사랑 지후야.
이 세상에는 이겨낼 수 없는 것이란
하나도 없단다.
이겨낼 생각을 하지 않는 것뿐이야.
씩씩한 우리 지후
딸꾹질도 이겨냈지!

할머니의 한 페이지

05월 17일
일요일

우리 지후, 동화책을 사줘야겠다.
살면서 책을 손에서 놓지 않았으면 좋겠다.

인간관계에서 중요한 것은
조금 손해 보는 듯 사는 것이 행복한 삶이더라.
인색하지 말아라.
네 마음이 더욱 풍요로워질 것이다.

긍정 아님 안돼

여덟 살 때

05월
18일

월요일

오늘, 지후는 엄마하고 미용실 놀이를 했단다.
"손님, 머리가 많이 길군요.
가르마를 이쪽으로 하시면 어떨까요?"

현명한 지후 엄마는
하루 종일 지후와 시간을 보내면서도
지루하지 않게
별별 놀이를 하고 노나 보다.

김밥

아홉 살 때

05월
19일

화요일

지후가 태어난 지 62일이다.

손자라는 존재는
하늘이 준
마지막 선물이라 했던가?

할머니의 한 페이지

우리 엄마의 목각인형
아홉 살 때

05월 20일
수요일

지후가 태어나서
지금까지 찍은 사진을 찬찬히 들여다보고 있노라니
마음이 따스해져 가슴속에
밝은 햇살이 가득 펼쳐진다.
할머니의 밝은 햇살 같은 우리 지후!

어떤 사람이든 단점만 있는 것이 아니듯
반드시 한 두 가지씩은 좋은 점이 있는 법이야.
그 사람의 장점과 나의 좋은 점이 어우러져 만들어낸
좋은 추억을 떠올려 보면
저절로 웃음이 나오고 기분이 좋아진단다.

사람의 단점보다는 좋은 점을 찾아낼 줄 아는
지후가 되었으면 좋겠어.
그것은 사람들과의 관계를 좋게 하는
나만의 장점이 될 테니까.

할머니의 한 페이지

맛있는 수박

여덟 살 때

05월 21일 목요일

사랑하는 지후야.
오늘은 세계에서 가장 부자인 빌게이츠에 대해 말하려고 한다.
마이크로 소프트 창업자인 그가
어느 고등학교 강연에서 "하버드대학 졸업장보다
독서하는 습관이 중요하다."라고 말했대.
어린 시절부터 길러온 독서습관이 성공의 비결이라 했지.
그래서 할머니가 지후한테 독서습관을 익히라고
강조하는 거 아니겠니?
빌게이츠뿐만 아니라
세계적으로 성공한 사람들은 모두가 책 읽는 습관이
지금의 나를 있게 했다고 말하더구나.
이런 말이 있단다.

"천재란 머리가 좋은 사람이 아니라,
평생에 걸쳐 다양한 책을 줄기차게 많이 읽은 사람이다."

하늘속 나라

열 살 때

05월 22일
금요일

지후야!
아무리 많은 학식을 가졌다 해도
아무리 많은 돈을 가졌다 해도
불평불만이 습관화된 사람이면
세상에서 가장 불행한 사람이야.

반대로
언제나 즐거운 마음으로 감사하며 사는 사람은
어느 누구보다도 행복한 사람이야.

사랑하는 시후야.
지후가 커서 이 글을 읽으며,
'할머니 저 충분하게 행복합니다'. 라고
말할 수 있기를….

눈사람

여덟 살 때

05월
23일

토요일

우리 지후는 웃는 옆모습도 백만 불짜리야.

얼굴 표정은 속마음을 비춰주는 거울이란다.

늘 마음의 여유를 갖고
웃는 표정을 가졌으면 좋겠어.
엄마처럼, 아빠처럼
항상 웃는 상냥함을 배웠으면 좋겠어.
엄마는 힘들어도 웃음으로 견뎌내더구나.
낯꽃이 예쁜 엄마,
그리고
늘 밝은 표정인 아빠를 닮았으면 좋겠다

톡톡, 아삭 옥수수

아홉 살 때

05월 24일

일요일

행복이란
"자기의 분수를 알고 그것에 만족하는 일이다."

행복이란
"사랑을 하는 것, 그리고 사랑을 받는 것이다."
이것보다 더 큰 행복은 없다.

지우야
할머니는 지후를 무한정 사랑하기에
지금 참으로 행복하구나.
모든 사랑은 '행복의 샘이다.'

05월 25일
일요일

새벽 6시,
수지 이모집 앞 성당에서 미사를 드렸다.
할머니의 기도는 언제나 한결같지.
진흙이 연꽃을 더럽히지 못하듯
세상 궂은일들이
지후 옷깃에 스치지 않기를
천사들이 다니는 길로 인도해 주시기를….
할머니의 기도가 하늘에 닿아서
너의 일생이 평안하고 행복하기를 빌고 또 빈다.
과한 욕심일까?
알면서도 멈출 수가 없구나.
이런 마음은 세상 모든 할머니들의 마음이란다.

할머니의 한 페이지

오색찬란 물건들

아홉 살 때

05월
26일
화요일

머지않아 튼튼이(은채의 태명)가 태어나면
우리 지후는 오빠가 되는 거야.
튼튼이 많이 아껴주고 잘해줘야 해.
동생을 사랑하지 못한다면
아무도 사랑할 수 없지 않겠니?

할머니는 지후 할머니가 된 것이
일생일대의 큰 축복이라고
생각하며 늘 감사한단다.
할머니한테 지후가 없었다면
얼마나 삭막하고 쓸쓸할까.

사랑한다, 지후야.
건강하고 슬기롭게 커 가기를….

할머니의 한 페이지

야! 깨우지 마라.
아홉 살 때

05월 27일
수요일

오늘로써 지후가 태어난 지 70일.
한 사람의 훌륭한 어머니는
백 사람의 교사와 맞먹는다고 했다.
엄마에게 순종하는 좋은 아들이 되거라.
그것이 인간의 근본이야.
너의 아빠가 늘 하는 말.
너의 엄마는 김 사임당
너는 김 율곡

신사임당과 그의 아들 율곡 선생을 본받아
그들처럼
그렇게 살아간다면 얼마나 좋을까.

남의 신발

아홉 살 때

05월 28일 목요일

지후야.
훌륭한 사람이란
남이 하기 싫어하는 궂은일을 스스로 찾아내서
척척 해내는 사람이라고 생각한다.
우리 지후는
훌륭한 사람이 될 자질을 많이 가지고 있으니
이 세상에 유익한 일을 하는 사람이 될 거라 믿는다.

언제나 가까운 데서 행복을 찾고,
가지고 있는 것에 만족하고,
얻을 수 없는 것을 탐해서 불행해지는 일이 없었으면 한다.

어리석은 사람, 뭔가 모자라는 사람을 비웃지 않기를….
어리석고 부족한 사람을 탓하면,
네가 더 어리석은 사람인 것이고
좀 부족한 사람을 경멸하는 것은
네가 더 부족한 사람으로
전락한다는 사실을 혹여라도 잊지 말거라.

할머니의 한 페이지

내 생일
일곱 살 때

05월 29일 금요일

지후야,

친구를 위해서나

가족을 위해서나

조금씩 손해 본다는 마음가짐으로

양보하고 베풀고 산다면 행복은 찾아올 거야.

언제나 넉넉한 마음과

여유로운 생각으로 주변 사람들을

따뜻하고 부드럽게 대하는 사람이면 좋겠다.

인디언 속담에도

"친구는 나의 짐을 등에 나눠지고 가는 사람."

"성공은 친구를 만들고, 역경은 친구를 시험한다"는 말도 있어

친구는 부족함을 채워주고, 도와주고

기쁨과 슬픔을 함께 나누는 존재라고 해.

지후도 그런 친구 많이 사귀고 또한

그런 아름다운 친구가 되어 주었으면 좋겠다.

우리집 막둥이

아홉 살 때

05월 30일 토요일

사랑하는 지후야.
네 엄마는 할머니 딸이지만 지혜롭고 현명하더구나.
지후가 잠을 제대로 자지 않고 서너 번을 깨서 힘들었다고.
힘들지만 지후 얼굴을 보면 힘든지 모르겠다고.

모든 일을 즐겁게 하면 아무리 힘들어도 지루하지 않고,
하기 싫은데 억지로 하면 금방 싫증이 난다.
힘들다고 생각하면 힘들지만 즐겁고 유쾌하고 행복하다는
마음을 가지면 그다지 힘겹거나 어려울 것도 없는 게 인생이란다.
인생이라는 연극의 주인공이 되면
스포트라이트를 받으며 열렬하게 살아가게 될 것이다.

할머니가 '인생이 이런 것이구나' 하고
깨우쳤을때는 이렇게 인생이 훅 가버린 후로구나.
사랑하는 지후야!
가장 의미 있고 지혜로운 일을 선택하면
인생은 즐거운 소풍과도 같은 것이 될 수 있단다.

05월
31일

일요일

지후야

웃음은 만병통치약이다.

웃음은 몸을 치료해주는 명약일 뿐만 아니라

정신도 함께 치료해 주는 치료제다.

도스토예프스키 소설에 사람이 웃는 모습을 보고

그 사람의 됨됨이를 평가할 수 있다고 했어.

만약 전혀 알지 못하는 사람의 웃음을 보고 호감을 느낀다면

그 사람은 인간성이 좋은 사람이라 말했다.

웃음은 수백 마디 말을 대신하는 것이고

진심을 드러내는 통로이며 가장 좋은 소통의 도구이다.

지후는 아주 귀하게

그리고

정겹고 편안한 얼굴로 태어났다.

아기 때부터 보여주는 너의 웃음,

바로 그 웃음이

할아버지, 할머니의 행복의 원천이고 값진 보물이란다.

할머니의 한 페이지

할 머 니 의   한 페 이 지

$06_월$

내 가방

아홉 살 때

06월 01일

월요일

지후야!

매일매일 운동하면 근육이 단련되어 몸이 건강해진다.

엄마가 보내온 동영상을 보니

"체육관 놀이 할까? 엄마가 물어보니

지후 얼굴이 찌푸려지더니

"책 읽을까?" 하니 오호! 까르르 좋아하는 지후.

할머니도 책 읽는 걸 강조하지만 운동해서 몸도 건강해야

마음도 건강해진단다.

야구를 좋아하는 아빠랑

우리 지후도 야구하러 다녔으면 좋겠다.

하루에 10분이면 아주 짧게 느껴지지만

무언가를 하루도 빠짐없이 계속한다는 것은 어려운 일.

할머니도 계획을 여러 번 세워 보지만

제대로 안될 때가 많아. 그래도 힘들지만 노력하고 있지.

계획을 아예 세우지 않고 안 하는 것보다는 낫지 않겠니?

인생이란 어쩌면 자기와의 싸움의 연속이기도 하단다.

할머니의 한 페이지

※ 강아지 또는 고양이 등등 동물이 침입했을 시에는 법적 처벌을 받을 수 있습니다.

초코는 나빠!

열 살 때

06월
02일

화요일

지후야.
살면서 곤경에 처한 사람이나
실의에 빠진 사람이 옆에 있다면
진심으로 위로해 주어라.
사람들은 겉으로는 강한 척해도 속으로는 한없이
나약한 존재이기에 위로받고, 보호받고 싶어 한단다.
너의 위로가 넘어진 사람을 일으켜 세운다면
한 사람의 영혼을 살리는 일이기도 하지.

'사랑은 언제나 오래 참고
 사랑은 언제나 온유하며
 사랑은 시기하지 않으며
 자랑도 교만도 아니 하며'

사랑한다는 것은 참는다는 것이다.
참는 마음 없이는 누구도 사랑할 자격이 없다는 뜻이기도 하지.

할머니의 한 페이지

어버이날

열 살 때

06월
03일

수요일

6월 어느덧 한 해의 가운데 이르렀다.
그래서 6월부터의 시간을 하절기라고 부른단다.

좋은 습관은 매일매일 벽돌을 쌓아 나가는 것과 같은 거야.
작은 벽돌 하나가 큰 건물을 만드는 시작이 되듯,
작은 일이 모여서 큰일을 이룬다는 것을
언제나 마음에 새겨두어라.

할머니의 한 페이지

조은채

06월 04일 목요일

지후야,
어느 분야에서나 성공한 사람들은 남달리 부지런한 사람이다.
할머니는 부지런한 사람이 가장 훌륭한 사람이며
부지런한 사람만이 살아있는 사람이라고 말하고 싶다.
할머니는 오늘도 어김없이 5시 30분에 일어나 운동 갔다 왔다.
할머니도 늙어가는지 요즘 들어 일어나는 게 예전만 못하구나.
영양제, 건강식품이라도 챙겨 먹어야 할 것 같구나.
한 번 뿐인 인생이니까 부지런하게 후회 없이 살기 바란다.
사랑한다.

난 네가 처음 우리 곁에 왔을 때를 잊지 못한단다.
너는 햇빛이었고, 반짝이는 별이었고, 즐거운 충동이었지.
기대에 찬 상상이었지.
너는 웃음이었고, 춤이었고, 맑고 높은 소망
내겐 항상 최고의 아침이었어.

우리 지후 생각만 해도 기분이 살랑살랑 좋으니
지후는 축복의 사람인 것 같구나.

06월 05일 금요일

오늘은 출근하는 발걸음이 가볍구나.

내일은 현충일,

다음날은 일요일

월요일은 휴관일

3일 연속 쉬게 되니까,

마음이 벌써 알아챘나보다.

독일 정치가 비스마르크는

'일하라. 더욱 더 일하라. 끝까지 일하라'라고 했단다.

사람을 행복하게 하고

위대하게 만드는 것이 일이라는 말이다.

일할 수 있다는 것,

최고의 행복이고 즐거움이다.

할 일을 잃어버리는 것처럼

큰 불행은 없다.

사랑하는 지후야.

인생은

노력하는 사람에게만 정직한 보상을 안겨 준단다.

할머니의 한 페이지

06월 06일
토요일

사랑하는 지후.
오늘은 현충일,
할아버지와 할아버지 친구 내외분과 수목원엘 갔다 왔지.
날씨가 더워지기 시작하고, 지치기 쉬운 계절이 다가왔다.
우리에게 즐거움을 안겨주는 자연에 위로받고 휴식도 하면서
즐거운 시간을 가졌단다.

그런데 지후야
수목원의 하늘에도, 나무 위에도, 파란 풀밭에도
예쁜 나비의 날개 위에도,
노래하는 새들의 노래 속에도
지후가 보이던데… 지후가 온 걸까?
지후는 할머니 가슴속에,
상상속에 가득 채워진 보물 덩어리.

더위가 시작되는 날씨에 우리 지후 건강하고
누구보다 즐겁고 행복한 일들이 가득한
6월을 보내면 좋겠다.

할머니의 한 페이지

젠탱글 세상
열 살 때

06월 07일
일요일

보고 싶은 지후야.
메르스가 요즘 유행이라 가볼 수도 없고
보내주는 사진과 동영상으로 만족해야 할 것 같구나.

예전과 같으면 모르고도 지나갈 일이
지금은 많은 사람들을 힘들게 하는구나.
제발, 아무 일없이 잘 지나가길
오늘도 할머니는 기도를 한단다.

할머니는 우리 지후가
훌륭한 사람이 되는 것도 바라지만
행복한 사람이 되었으면 좋겠어.
그리고 똑똑한 사람이 되는 것도 좋지만
따뜻한 사람이 되었으면 좋겠다.

할머니의 한 페이지

06월 08일

월요일

사랑하는 지후야.
이 세상에서 가장 귀한 재물은 지금 처해 있는 상황을
행복하다고 여기는 마음이야.
할머니는 무슨 일이든 만족하게 여기며 살려고
노력하며 살아왔다.

그래서 언제나 행복하지.
날씨가 좋으면 좋은 대로 즐겼고
비가 오면 비 오는 것을 즐겼지.
꽃이 피면 꽃이 피어서 행복했고
꽃이 지면 지는 모습 그대로 행복했지.

할머니의 그런 긍정의 마음을 하느님이 보시고
우리 지후를 보내주신 것만 같구나.
할머니는 지금,
이 자리가 천국인 듯싶구나.

06월 09일
화요일

지후야.
뉴스를 보니 세상의 많은 사람들이
자기 잘못에 대해 진정한 반성을 하지 않고
남 탓하기에 바쁘구나.

미사 중에
"내 탓이오, 내 탓이오, 내 탓이로소이다.(가슴치며)"
하며 살라고 한다.
자기 반성은 모든 일을 이루는 근원이며
좋은 사람으로 살겠다는 의지다.
어쩌다 잘못을 저질렀다고 의기소침해서는 안 된다.
잘못을 인정하므로 반성을 통해
평화로운 마음을 얻을 수 있단다.

할머니의 한 페이지

06월 10일 수요일

나의 사랑 지후.

"세상에서 가장 가난한 대통령 무히카"를 읽었다.
몇 년 전 TV프로그램을 보다가 우연히 알게 된
우루과이 괴짜 대통령 호세 무히카,
그때 무히카 대통령의 모습이 너무나 인상 깊었기에
신간 소식에 몹시 반가웠지.
조용하면서도 강력한 지지와 인기를 얻으며
2015년 2월에 60%의 지지율로 명예롭게 임기를 마치셨다.
"천 번을 넘어질 수 있지만 중요한 건
용기를 내서 다시 시작하는 것이다."라고 말했지.
이탈리아 방문 때 프란치스코 교황을 만나기도 했어.
프란치스코 교황님은 화려한 관저 대신 소박한 숙소에서 지내면서
소외된 사람들을 위해 많은 일을 하고 있다는 점에서
두 분은 비슷한 부분이 많은 지도자이다.

전 재산은 오래된 자동차 한 대뿐,
화려한 대통령궁 대신 부인 소유의 소박한 농장에 살며
월급의 90%를 기부하는 세상에서
가장 가난한 대통령 무히카에게 배우는
참다운 삶의 가치를 꼭 읽어보렴.

할머니의 한 페이지

06월
11일

목요일

우리 지후야.

헐뜯고 비방하기를 좋아하는 사람과는 가까이 하지 마라.

어찌됐든 서로 다툰다는 것은 좋지 않은 일이야.

이기면 진 사람에게 미움을 사게 되고

지면 마음의 분노로 얼마나 괴롭겠느냐?

'지는 것이 이기는 것'이라는 말을

지후도 대인관계의 타산지석으로 삼으렴.

할머니의 한 페이지

나는야 아기팬더
열 살 때

06월
12일
금요일

사랑하는 지후야.
할머니는 매일매일 지후에게 당부하는 글을 쓰면서
마음에 많은 갈등이 일어난단다.
세상 속으로 뛰어 들어야 하는 지후를 생각하면
공연히 걱정이 많다.

눈속임도 많고 비바람도 거세고
시기 질투가 난무하는 세상 속에서
이런 위험들을 잘 헤쳐 나갈 수 있을지 걱정이구나.
하지만 하느님께서는 우리 지후(요셉)을 항상 지켜주시고
보호해 주시리라 믿는다.

할머니의 한 페이지

06월 13일 토요일

지후는 어젯밤에 9시에 잠들어 새벽 5시 30분까지
8시간 반을 잤다고?
할머니보다 더 많이 잤네?
밤에 충분하게 숙면을 취하지 못하면 피로가 쌓여
감기에 걸리거나 신경이 날카로워 짜증이 나고
일의 능률도 오르지 않는단다.
밤에 일찍 잠자리에 드는 습관을 몸에 익히도록 해라.

심장은 하루 24시간 중 9시간 활동한다고 한다.
그렇다면 하루 15시간을 쉬는 것이다.
그렇기 때문에 사람의 수명이 지탱되는 거야.

아주 어렸을 때부터 잠자는 습관이 중요해.
그래야 키도 쑥쑥 크거든.

할머니의 한 페이지

바닷속 친구들

열 살 때

06월
14일

일요일

마음속에 분노와 미움이 있으면
아무리 뛰어난 외모를 가졌다 해도
얼굴을 찡그리게 되고 추한 모습이 나타난단다.

화를 내면 건강이 안 좋아지고
밥을 먹어도 소화가 안 되고
잠자리에 누워도 잠이 오질 않고
공부를 해도 머리에 들어오지 않는단다.

화를 누르고 편안한 마음으로 되짚어 보면
화낼 일도 아니었구나, 하는 깨달음이 올 거야.
감정을 절제할 줄 아는 사람이 좋은 인격자야.

지후는 우유 안 준다고 울어서
엄마가 참을 줄도 알아야 한다는 말을 해주었다고 한다.
엄마는 지후에게 절제에 대한 이야기를 해주었나 보다.

06월
15일

월요일

사랑하는 지후야.
새벽미사를 다녀왔어.

"저희를 유혹에 빠지지 않게 하시고…,"

한 평생을 어떤 유혹에도 빠지지 않고 살아가기란 힘들지.
그런 유혹에 빠지지 않는 방법은 때때로
자기 자신을 점검해 보며 끊임없이 기도하는 수밖에 없다.

인품이 형편없는 사람의 행동은 거칠고 무례하고
냉혹하기까지 하다.
지우는 의지를 굳건히 시켜나가며 독서에 힘을 다하면
어떤 시련이 와도 쉽게 이겨낼 수 있을 거야.

거만하고, 불손하고, 게으르고
욕심에 사로잡힌 사람은
지후 곁에 오지 않게 해 주시라고 할머니는 기도한단다.

할머니의 한 페이지

153

트럼프카드

열 살 때

06월 16일
화요일

오늘은 지후가 태어난 지 90일이구나.
훌륭한 사람은 입도, 눈도, 귀도
몸도 마음도 깨끗해야 한다.
인품이 깨끗한 사람을 할머니는 존경하고 신뢰한다.

남한테 화를 내지 말거라.
물론 네 자신에게는 말할 것도 없고
지후 아빠는 지금껏 살면서 화를 낸 적이 없다고 하더구나.
어쩌다 주변을 돌아보면
자미심이 가득한 사람이 화를 잘 내더구나.

평소에 신중하게 행동하는 습관을 몸에 익히거라.
지후야!
성자처럼 마음을 운영하는 사람이 되기 바란다.

제법 옹알이를 하는 지후가
여러 반응을 보여줘서 엄마가 행복한가 보다.

할머니 가슴이 뿌듯하구나.

아무리 작은 돈이라도 소중히 여길 줄 알아야 한다.
시간도 마찬가지야.
백원을 하찮게 여기는 사람은 언젠가는 백원이 없어서
울 수도 있으니까
오늘의 10분을 하찮게 생각하는 사람은
내일, 그 10분 때문에 후회하게 될 거야.
시간과 재물을 소중히 여기는 습관을 가졌으면 좋겠다.

06월
17일

수요일

할머니의 한 페이지

다람쥐의 먹방비결

열 살 때

무늬물고기의 꿈

열 살 때

06월 18일 목요일

지후야.
'미안해' 라는 말이 있는데
사람들은 그 말을 잘 쓰지 않으려고 해.
왜 그런지 아니?
미안하다고 말하면 다 자기 잘못이 되고
자기가 책임져야 될 거 같아서 그 말을 참는 거지.
하지만 미안하다고 먼저 말하면
아름다워지고
편안해지고
바다처럼 넓어지고, 해처럼 밝아진단다.
'미안해' 는 요술 같은 말이야
화난 사람도 풀어지게 하고
돌아선 사람도 되돌아오게 하는 힘이 있으니까
미안해 지후야!

남이 저지른 잘못을 먼저 용서하도록 노력해 봐.
그리고 지나온 일 중에서 잘못된 일은 언제나 반성하는
습관을 가졌으면 좋겠어.
할머니는 지후가 관대하고 너그러움을 지닌
멋진 사람이 되길 소망한다.

할머니의 한 페이지

사랑하는 지후야.
할머니는 매일 아침 5시 30분이면 어김없이 기체조와
요가하러 나간단다.

사람은 심하게 성을 내면
기운이 많이 상하게 된다.
생각이 복잡하면 정신이 크게 손상을 입지.
그래서 정신이 흔들리면
마음이 약하게 되고

06월
19일

금요일

자연히 몸도 병들 수밖에 없지.
성을 잘 내는 사람치고
정신이 건강한 사람은
별로 없더라.

오늘도 할머니는
할아버지, 지후엄마와 아빠,
이모, 이모부, 지후와 튼튼이에게 기를 보내고 있지.
좋은 에너지! 발싸!

할머니의 한 페이지

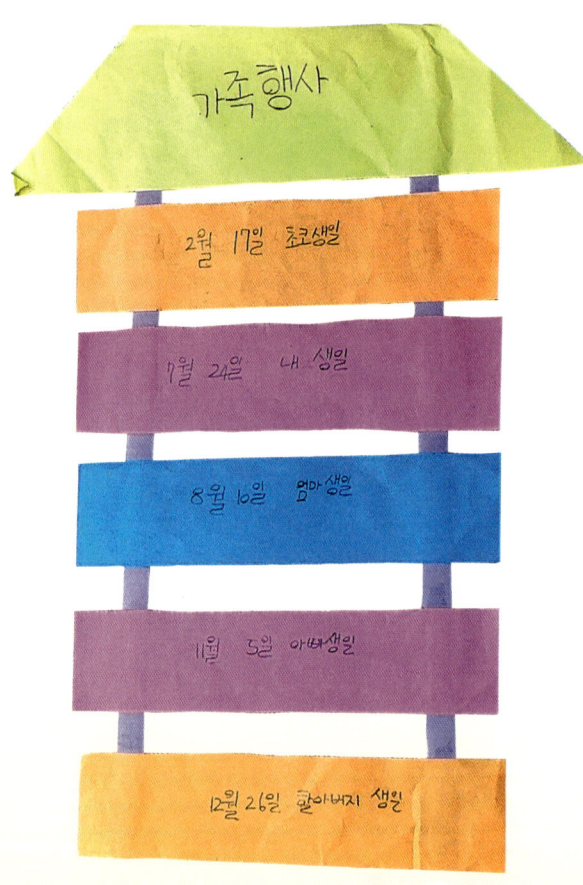

06월 20일
토요일

우리 지후는 강한 사람으로
맑고 밝은 마음으로
화가 나도 참고
남을 원망하지도 말고
묵묵히 걸어가라.

먼저 가는 사람이 있어도
굳이 앞서려고 애쓰지 말고
서두르지도
너무 느리게도 말고
꾸준히 걸어가는
인내심을 기르길 바란다.
그래야 끝까지 지치지 않고 걸어갈 수 있단다.

할머니의 한 페이지

06월
21일
일요일

지후가 오늘 할머니 집에 왔다.
많이도 커버린 지후가 조금은 낯설었지만
금세 웃는 모습과 옹알이에 가슴이 벅차오르는구나.
동영상으로만 보았던 지후 실제 웃는모습,
옹알이에 기분이 평화로워졌단다.
요술쟁이 지후야.

'세상 어떤 어려운 일도 악마의 세력들도 접근하지 못하도록
망토를 씌워 주세요. 주님!'

반딧불이의 세상
열 살 때

06월 22일

월요일

맑은 미소와 옹알이로 할머니 할아버지를
살맛나게 해주는 지후야.
너를 보고 있노라면 수만 가지 기쁨이 온몸으로 퍼져
영혼이 새롭게 살아나는 것 같은 기분이 든단다.

할머니 할아버지의 다시없는 보배, 지후야.
별로 기쁜 일이 없는데도 너를 보면 생각만 해도
저절로 웃음으로 가득 넘쳐 흐른단다.
지후가 있어 행복하다.

할머니의 한 페이지

조은채

지후야.
행복이란 깨끗한 마음과 검소한 생활태도에서 생긴단다.
마음을 깨끗이 한다는 것은
남을 미워하거나 욕심부리지 않는 검소한 생활.

인품과 인격은
자기를 낮추고 상대를 높이는 데서 그 가치가 나타나고
고매한 인품을 가진 사람은 언제나
마음이 고요하고 편안하단다.

지후 자는 모습을 보면 아주 편안하고 행복해 보이는구나.
나의 천사, 김지후!
어젯밤 9시에 잠들어 아침 5시 40분에 깬 지후는
할머니를 닮았나?
할머니도 한번 잠들면 아침인데….
행여 잠잘 때 꿈도 꾸지마라.

자장 자장 우리 지후
검둥개야, 짖지마라.

이런 사람이 되게 하소서

천하보다 한 사람을 더 귀히 여겨
가슴으로 품어 이끄는 사람 되게 하소서

가르치려 하지 말고
다스리려 하지 말고
바꾸려 하지 말고
그 모습 그대로 받아주며
말로 상처주지 않으며
억압하지 않으며
어떤 모습도 판단하지 않으며

06월
24일

수요일

선한 눈으로 바라보아
내가 그 사람 되어 그 마음으로 느껴
무시하지 않으며
얕보지 않으며
높여주고 인정해주며
열린 마음으로 바라보아
따뜻한 가슴으로 사랑하게 하소서

모자람만 보지 말고
허물만 지적하지 말고
나중 된 자가 먼저 됨을 깨달아
높이 멀리 넓게 바라보게 하소서

사랑하고 사랑받고 아름다운 세상 만들어 가게 하소서

할머니의 한 페이지

후야,
사랑해주는 부모님이 안 계신다고 상상해 봐라.
얼마나 외롭고 쓸쓸하겠니?
그러나 엄마 아빠가 이 세상 끝까지 같이 살 수는 없다,
그러니 처음부터 끝까지 지후, 너를 지켜줄 사람은 오로지
네 자신 밖에 없다.
그러나 할머니는 살아있는 동안 끊임없이 기도하련다.
지후를 위해!

  오프라윈프리는 '자기가 한 일 중에 가장 중요한 일은 감사의 일기를 쓰기 시작한 일' 이라면서 일기를 쓰고부터 세상을 긍정적으로 바라보게 되었다고 한다.
  오늘 하루를 생각해 보면 어렵고 힘든 일도 많지만 감사한 일이 더 많더라.
  감사한 일을 떠올리며 매일매일 적어가다 보면 고되고 힘든 하루가 아닌 참 감사한 하루였다는 생각이 들더구나.

06월 25일 목요일

사람의 뇌는 생각한 대로 기억하기 때문에
부정적으로 생각하면 한없이 부정적인 생각만 하게 되고
억지로라도 감사한 생각을 하면 긍정의 마음이 된대.
　작은 것에 감사하고 행복을 느낄 때 나를 더 사랑할 수 있지.
내 삶에 주인이 되고 싶다면 '나'에 대해 생각하는 시간을 가져보렴.
　'나'에 대해 깊게 생각할 수 있는 좋은 방법은 명상인 것 같다.
명상은 스티브 잡스, 마이클 조던, 오프라 윈프리 등,
세계적으로 성공한 많은 사람들이 즐겨한 것으로 알려져 있다.
명상을 하다 보면 내가 어떻게 살아가야 하는지 지혜가 생기고
잠재력이 깨어나며 마음이 넓어져 인간관계에 대한 어려움을
극복할 수 있을 거야.
나를 진정 사랑할 줄 알아야 주위 사람들에게도
　진정한 사랑을 베풀 수 있지 않을까?

할머니의 한 페이지

오늘은
지후 100일이다.
아침에 할머니 곁에서 부스럭 부스럭하더니
6시 25분에 깼다.
우리 모두 백일 축하 노래를 불렀다.
"사랑하는 우리 지후!
백일 축하 합니다. 박수!"

지후야.
좋은 생각을 하면 좋은 일을 하게 되고
그래서 좋은 열매를 맺는 것이란다.

할머니가 쓴 이 글이 지후가 세상을 살아가는데 조금이나마
도움이 되고 위로가 된다면 할머니는 참으로 행복할 거야.

06월 26일
금요일

할머니의 한 페이지

할머니의 한 페이지

인쇄 2024년 10월 17일
발행 2024년 10월 22일

지은이　차미자
그림　　조은채
발행인　서정환
펴낸곳　신아출판사
주소　　전북특별자치도 전주시 완산구 공북 1길 16(태평동 251-30)
전화　　(063) 275-4000
팩스　　(063) 274-3131
이메일　sina321@hanmail.net
출판등록　제465-1984-000004호
인쇄·제본　신아문예사

저작권자 ⓒ 2024, 차미자
이 책의 저작권은 저자에게 있습니다. 서면에 의한 저자의 허락없이 내용의 일부를
인용하거나 발췌하는 것을 금합니다.
COPYRIGHT ⓒ 2024, by Cha mi ja
All right reserved including the rights of reproduction in whole or un part un any form.
저자와 협의, 인지는 생략합니다.
잘못된 책은 바꿔 드립니다.

ISBN 979-11-94198-60-4 03810
값 18,000원